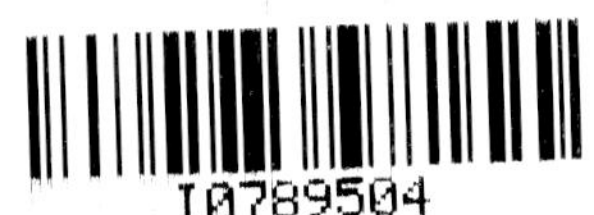

Este libro pertenece a

....

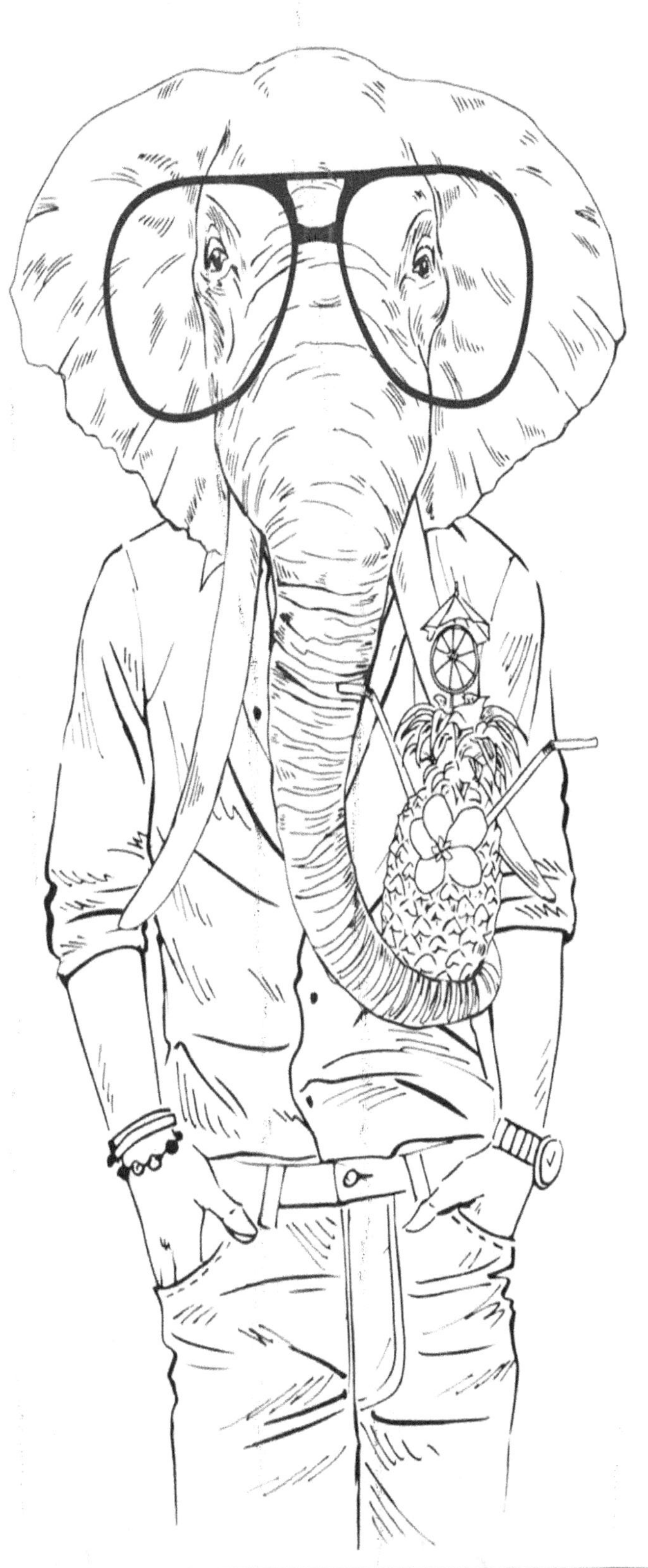

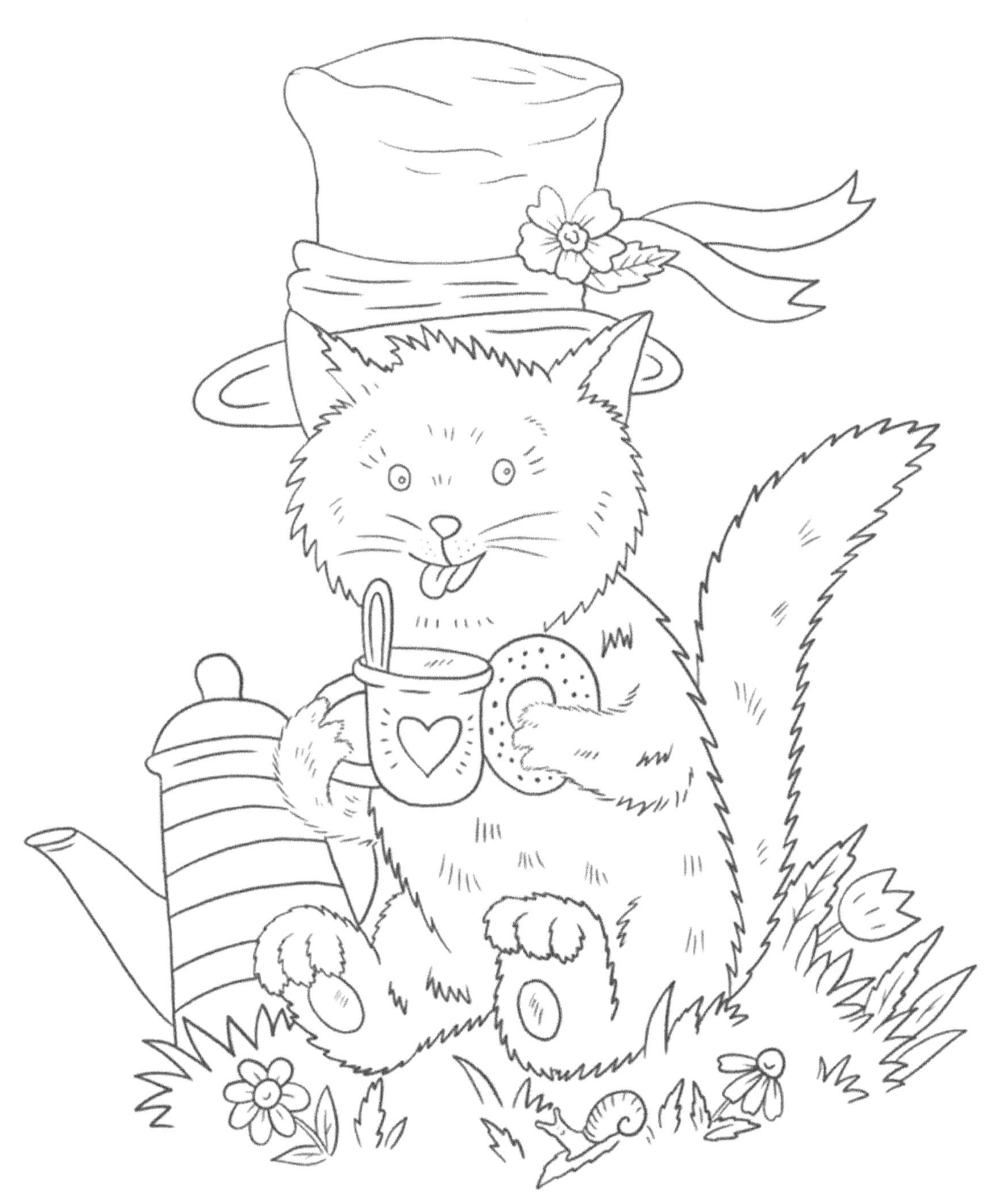

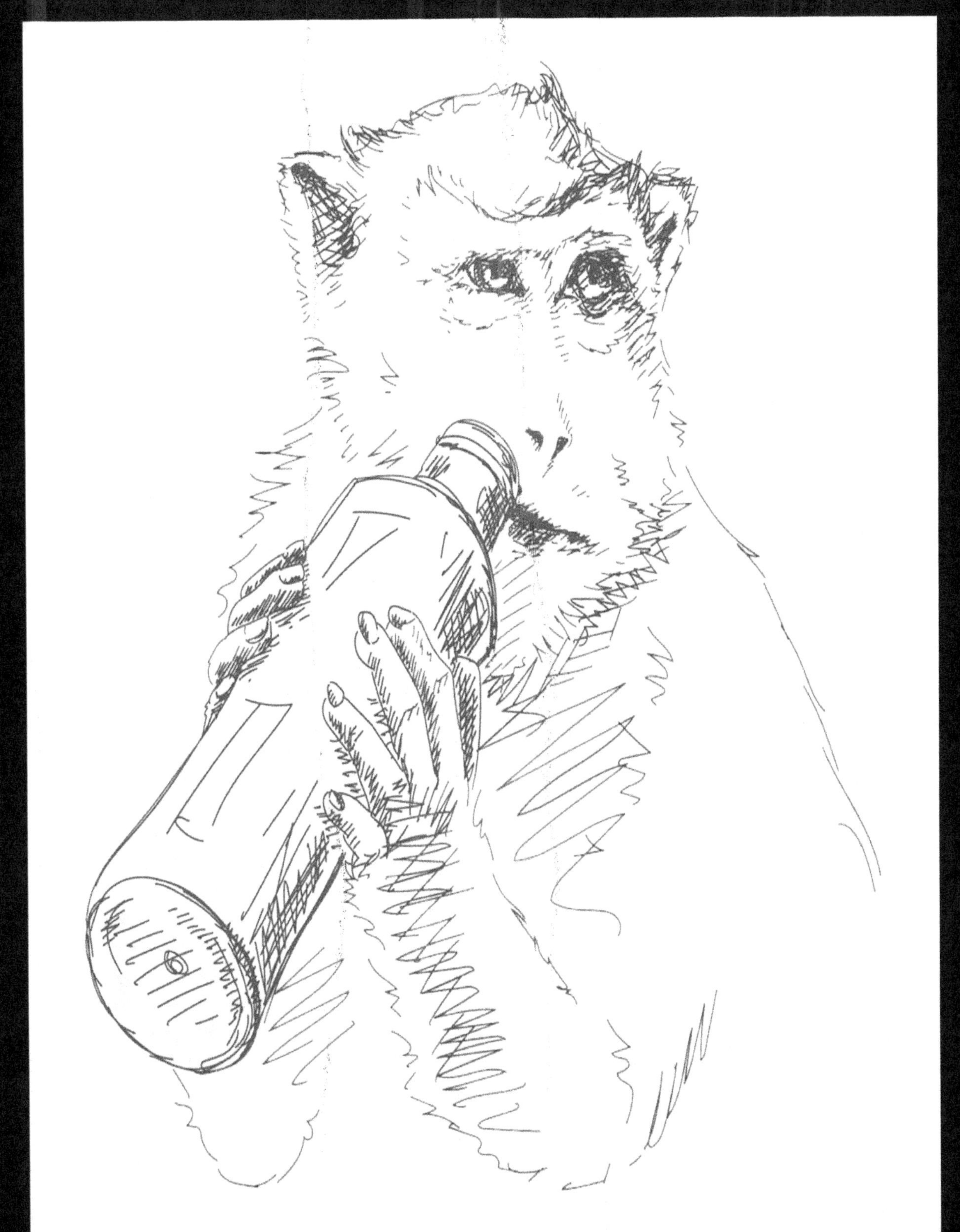

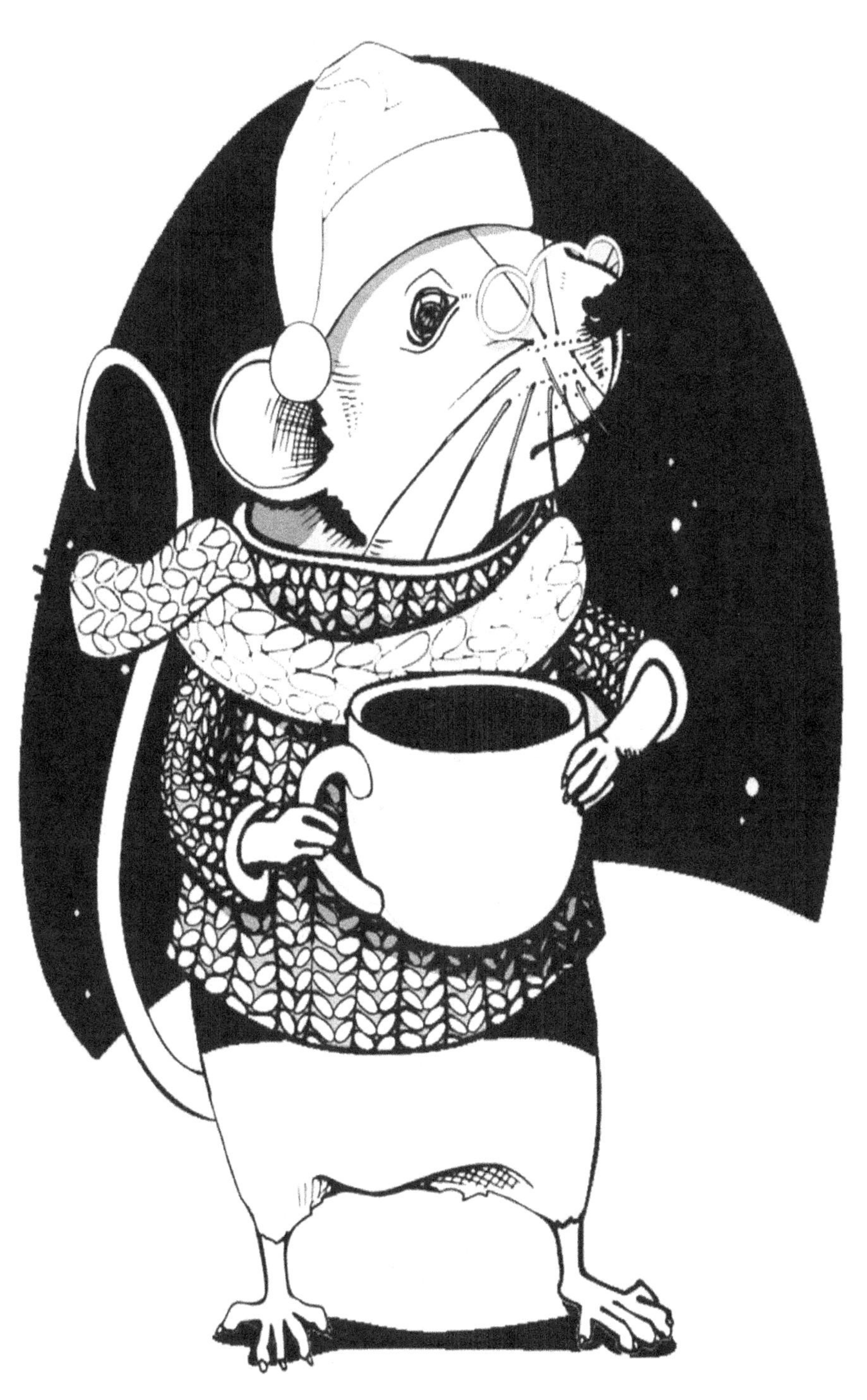

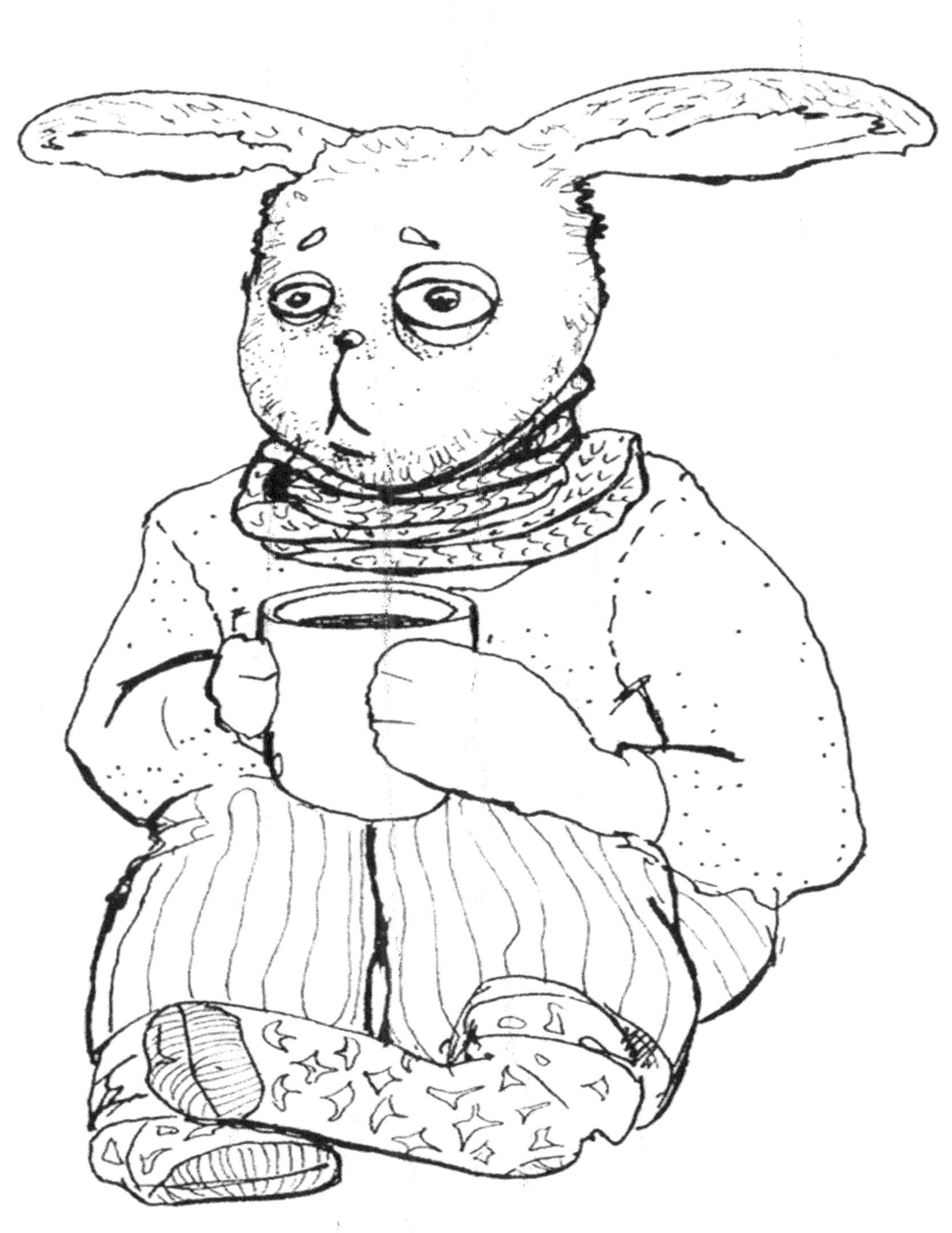

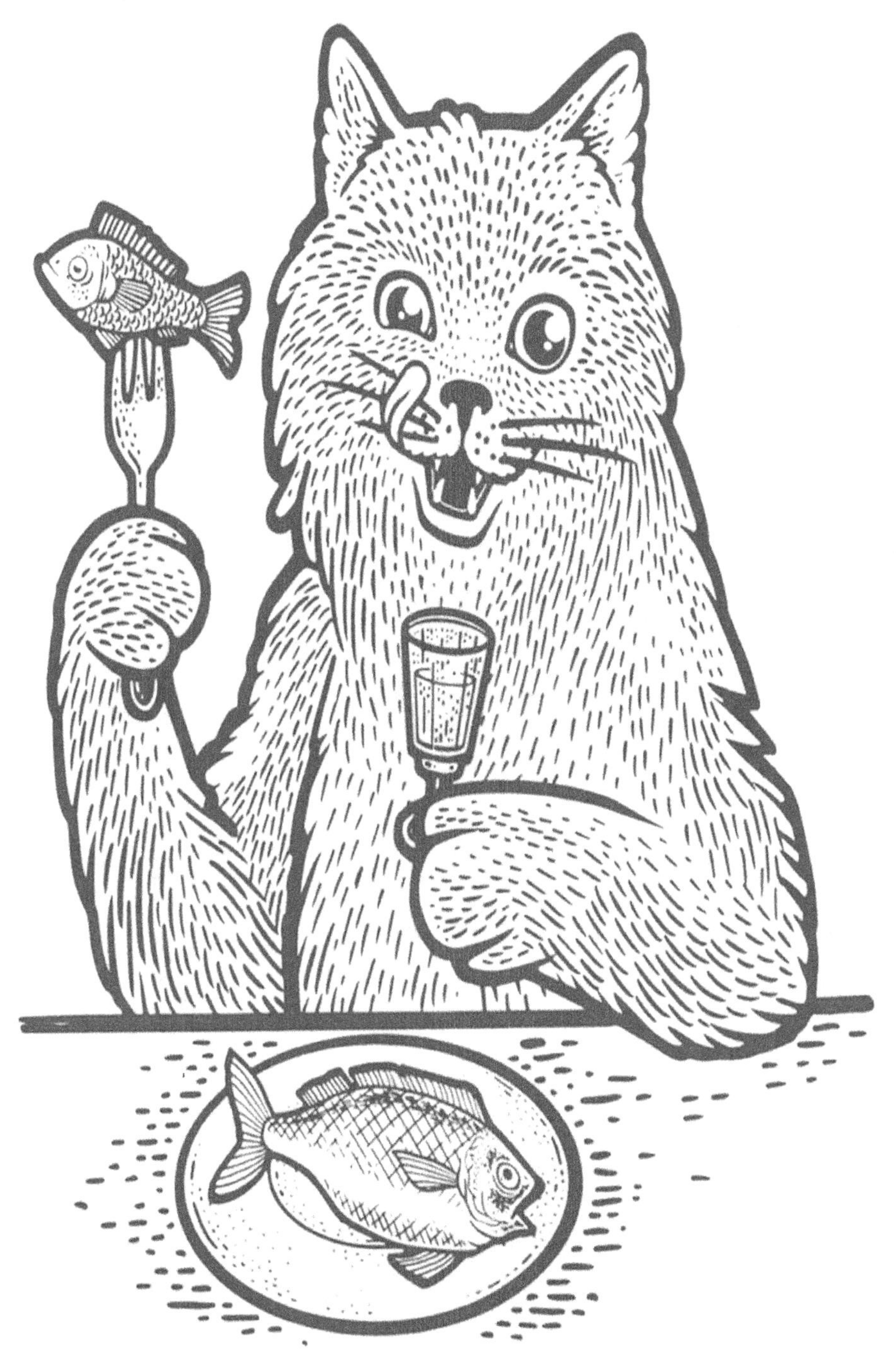

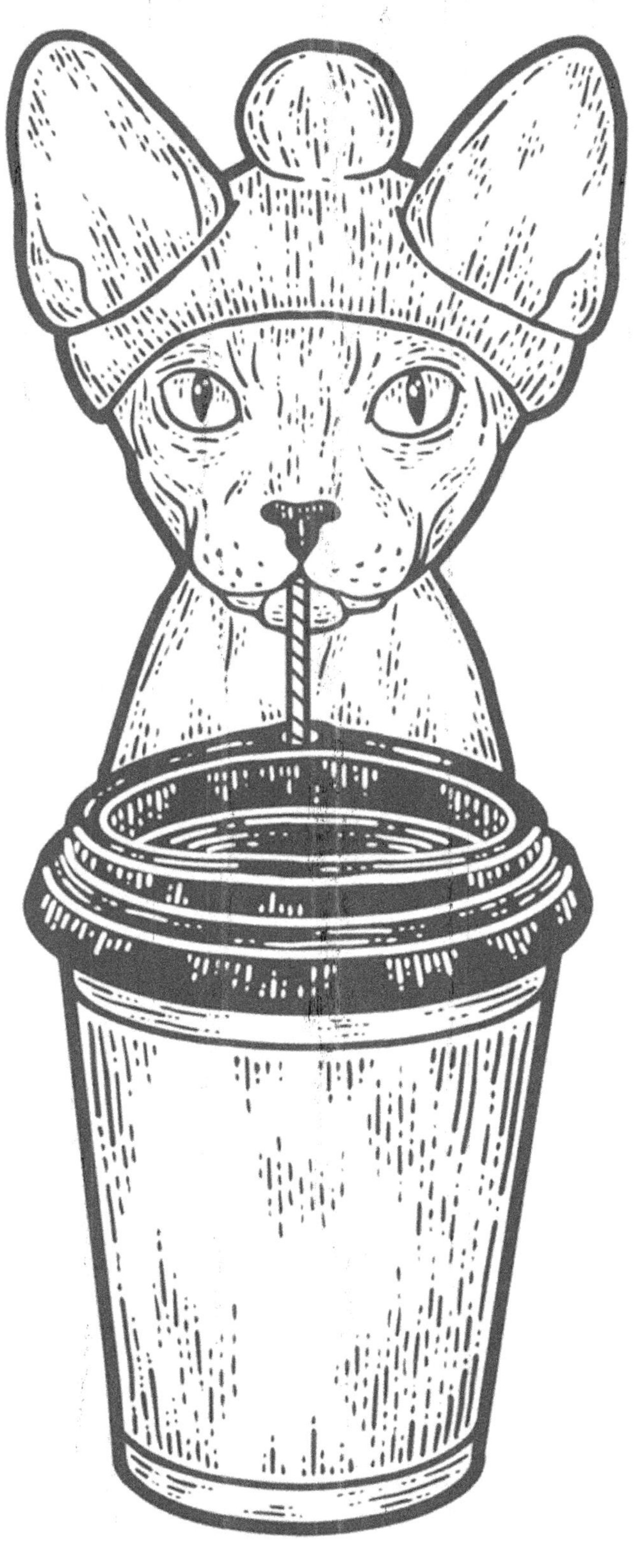

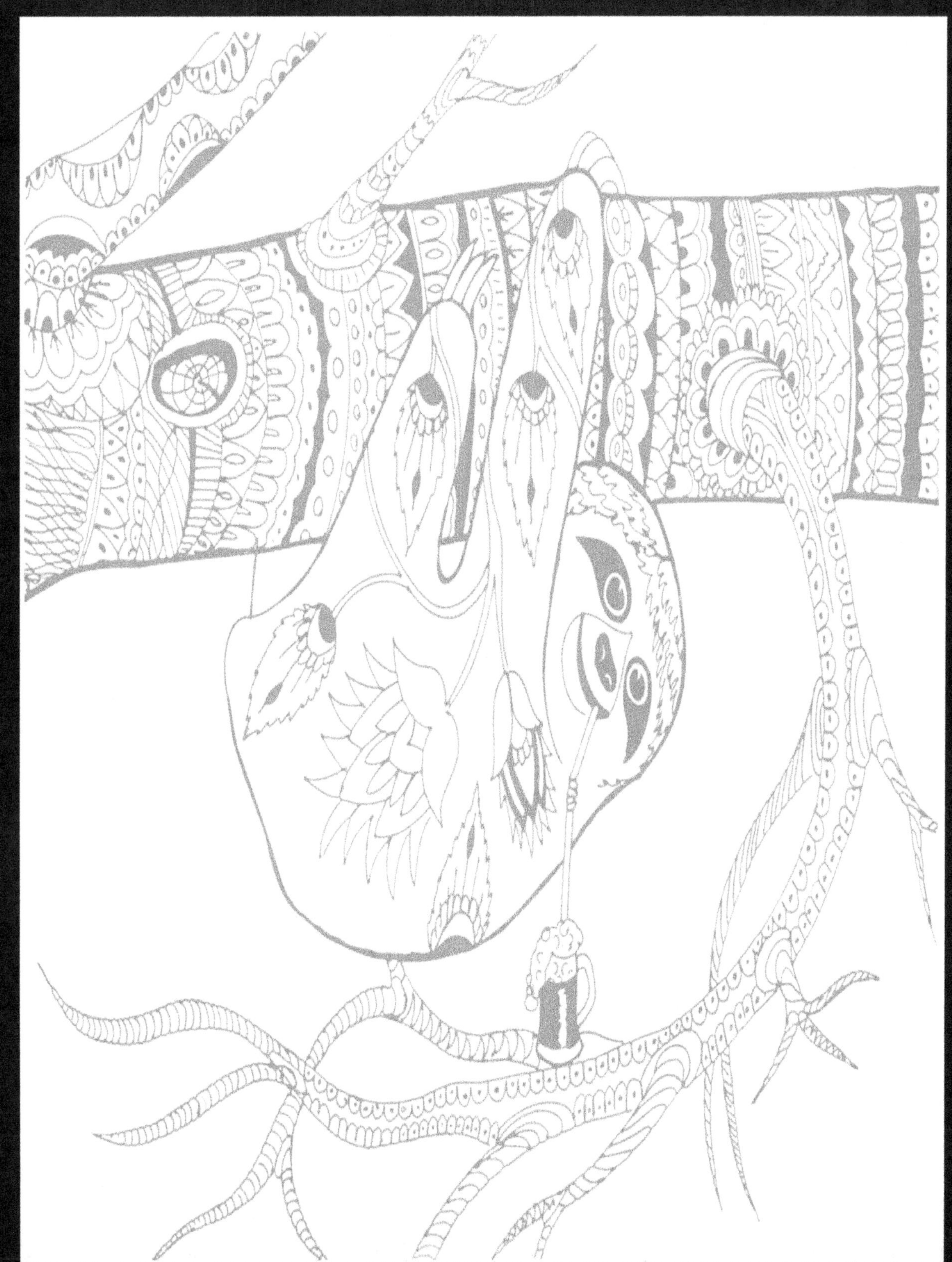

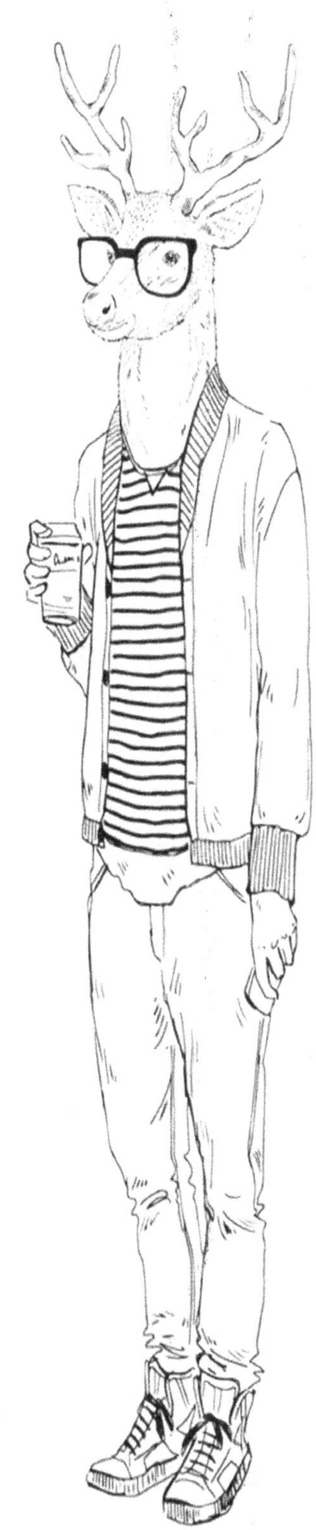

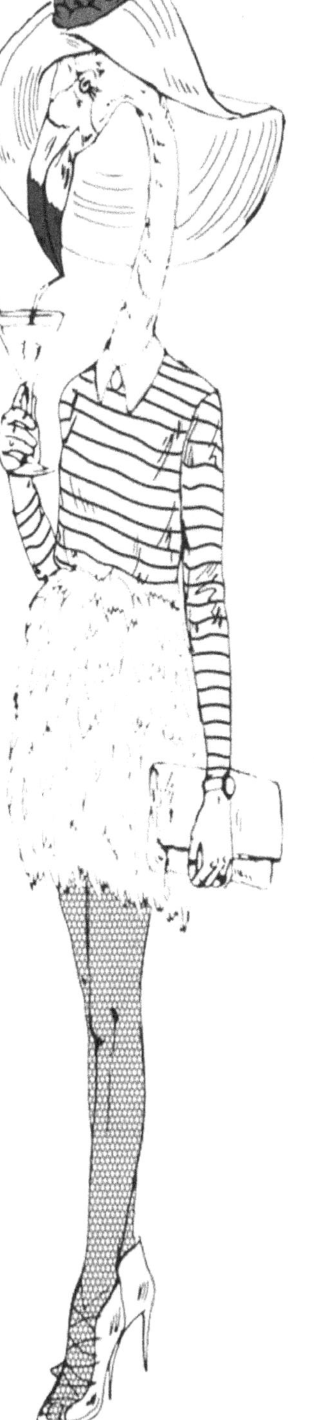

Fashion Animal

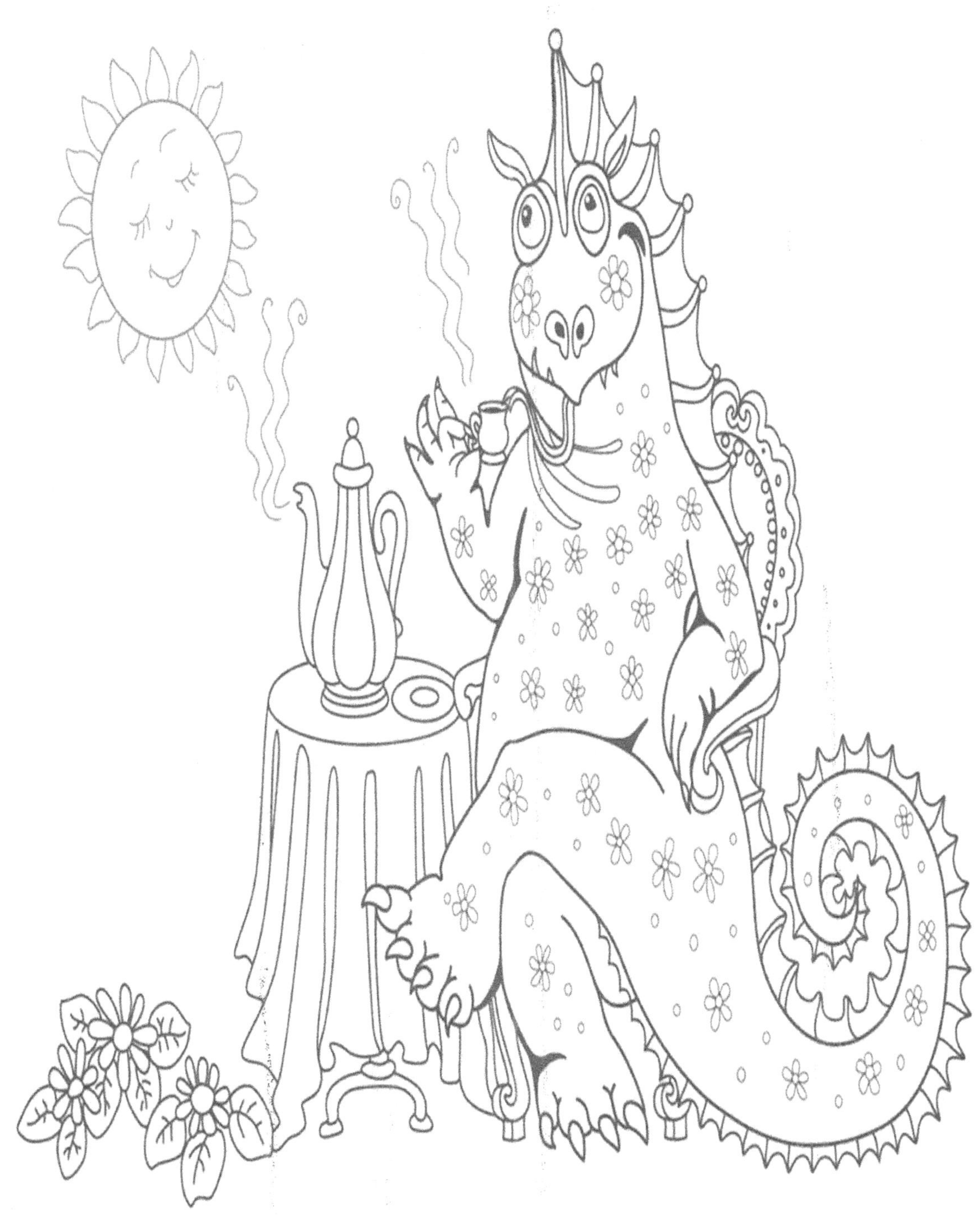

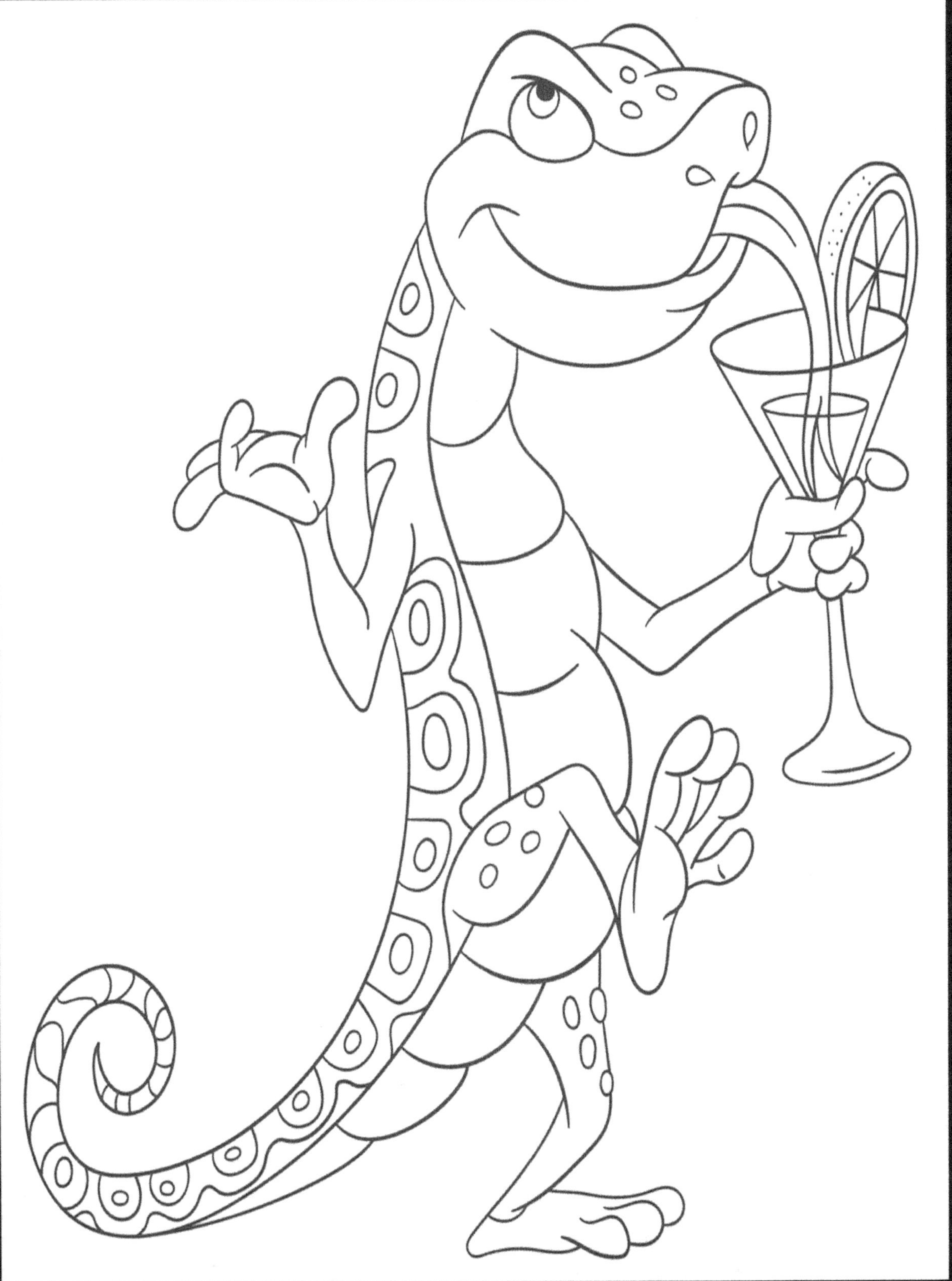

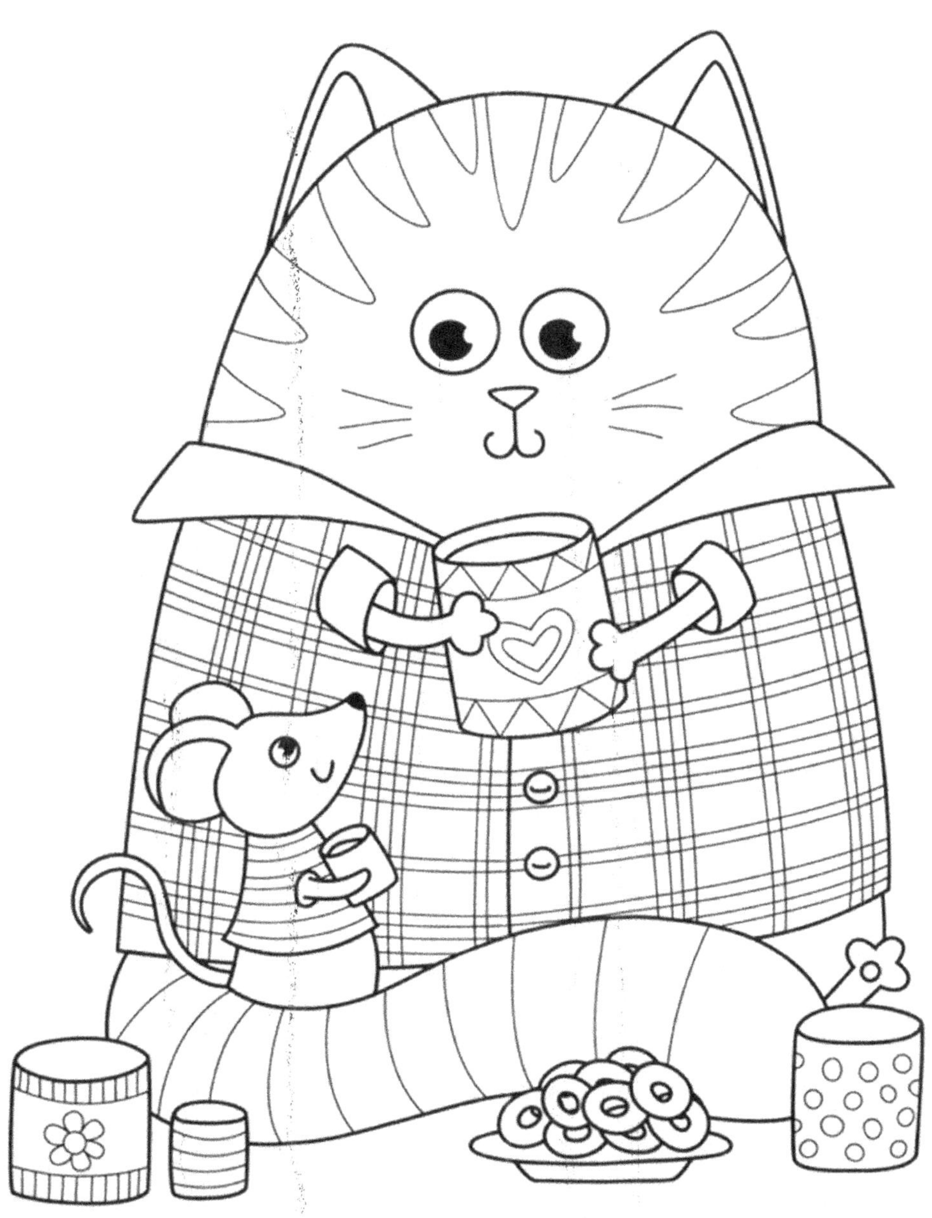

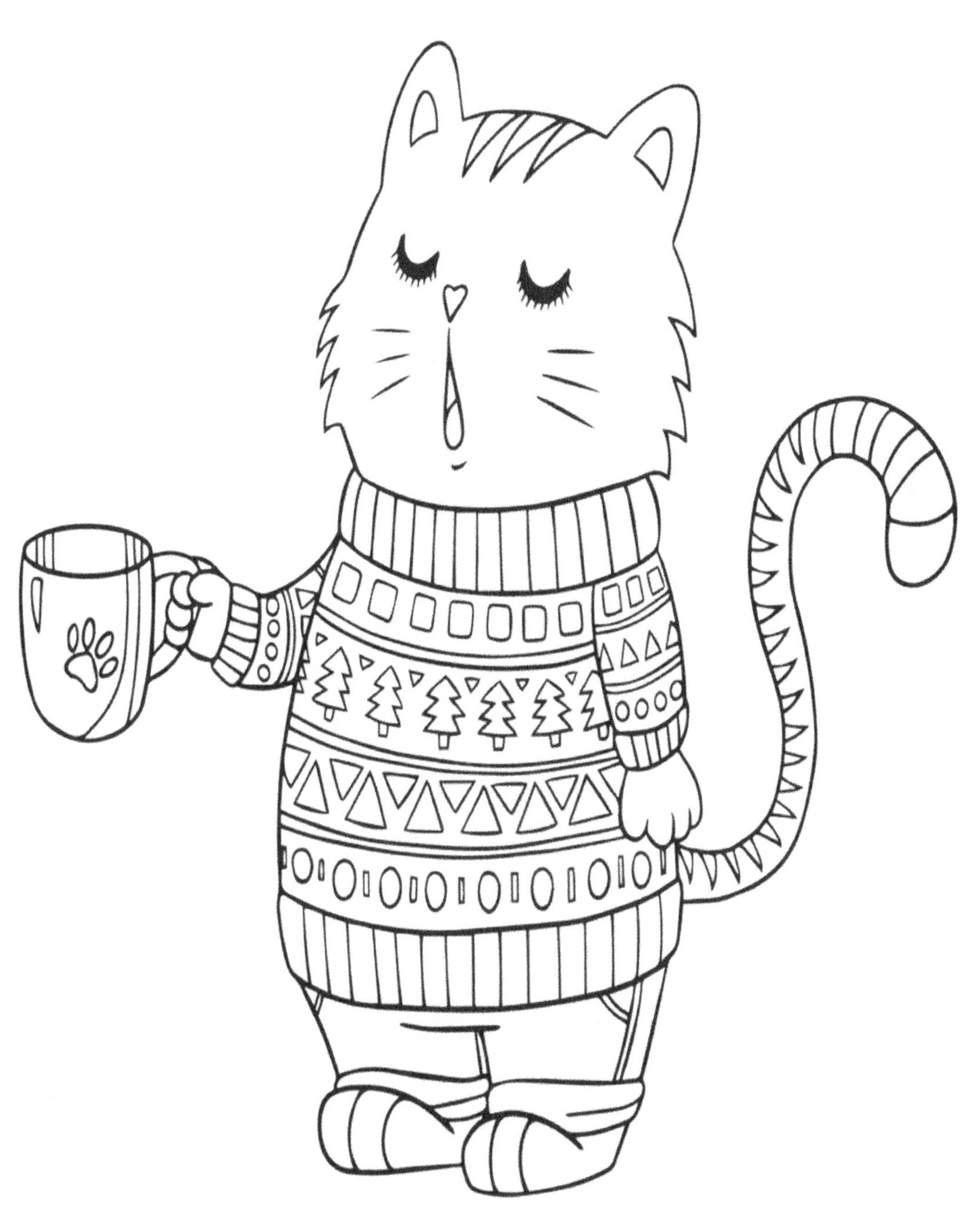

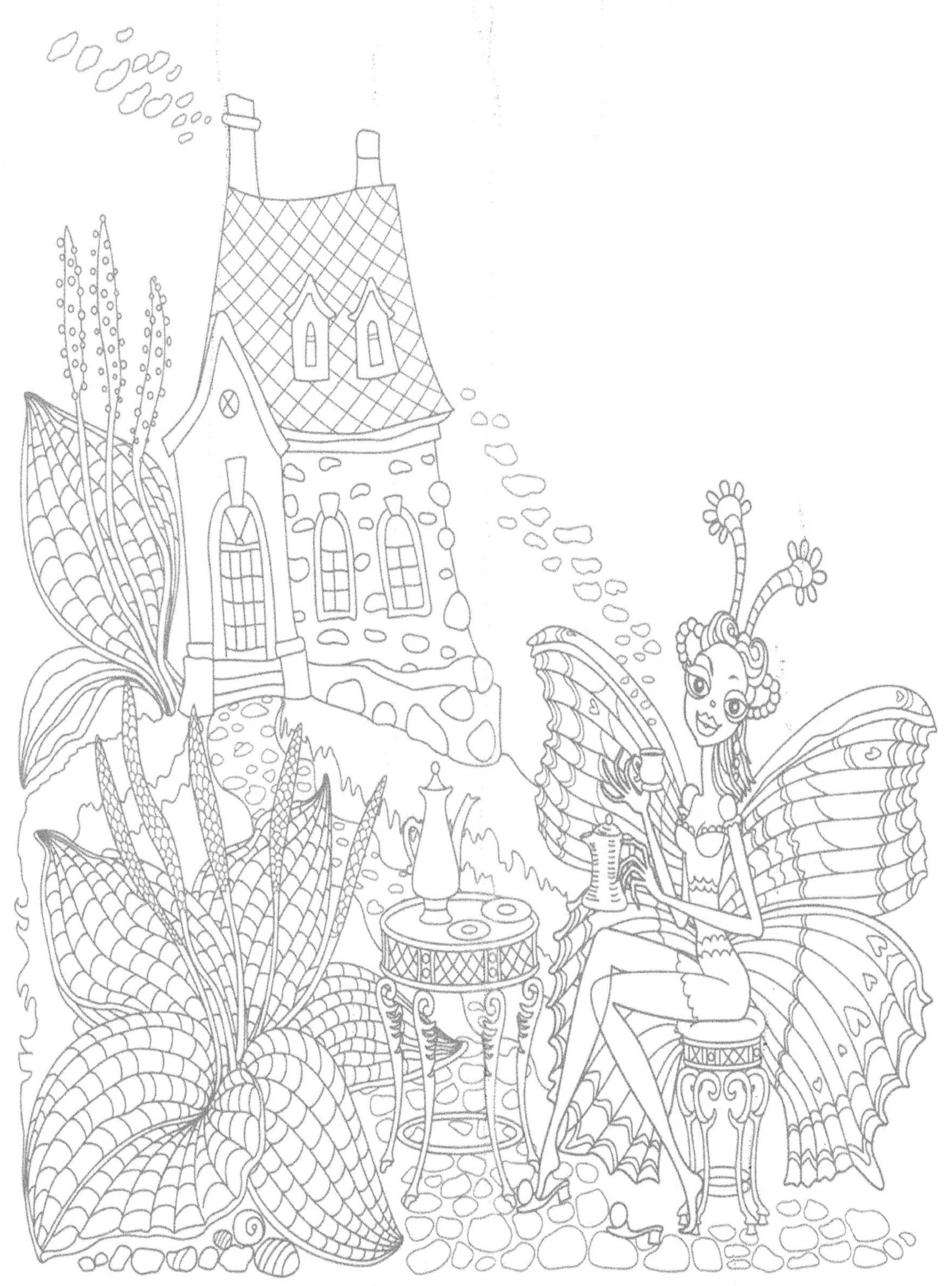

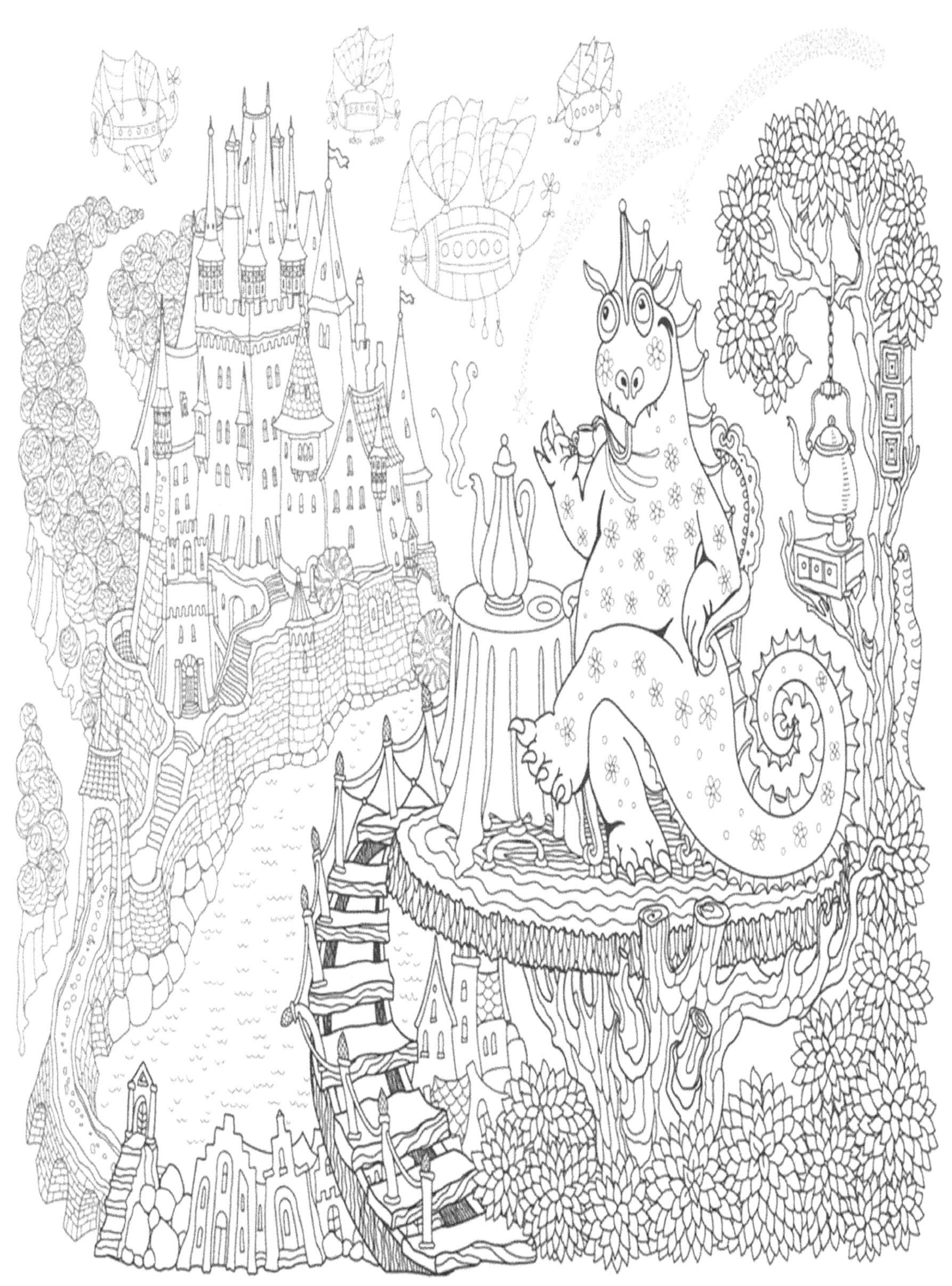

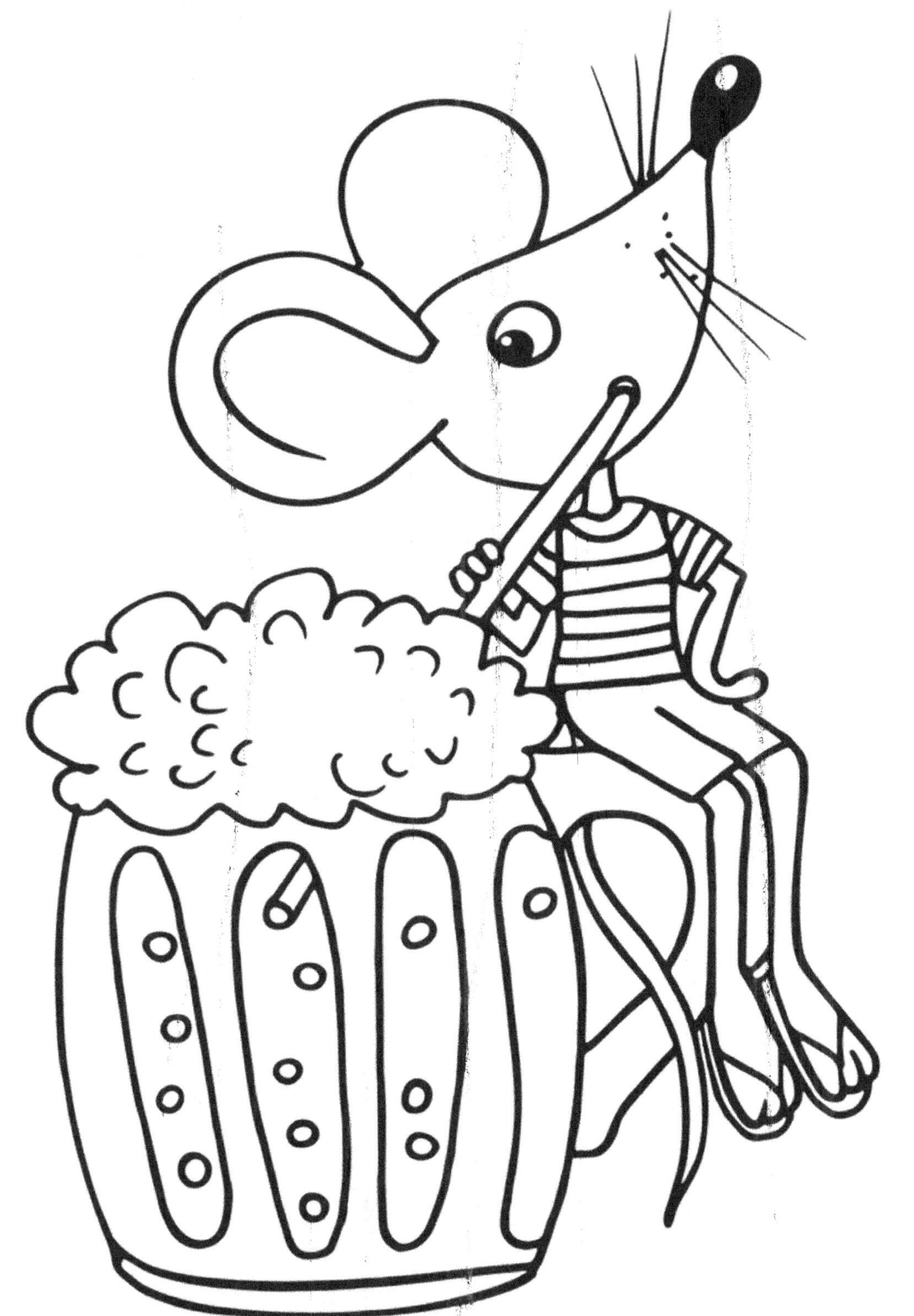

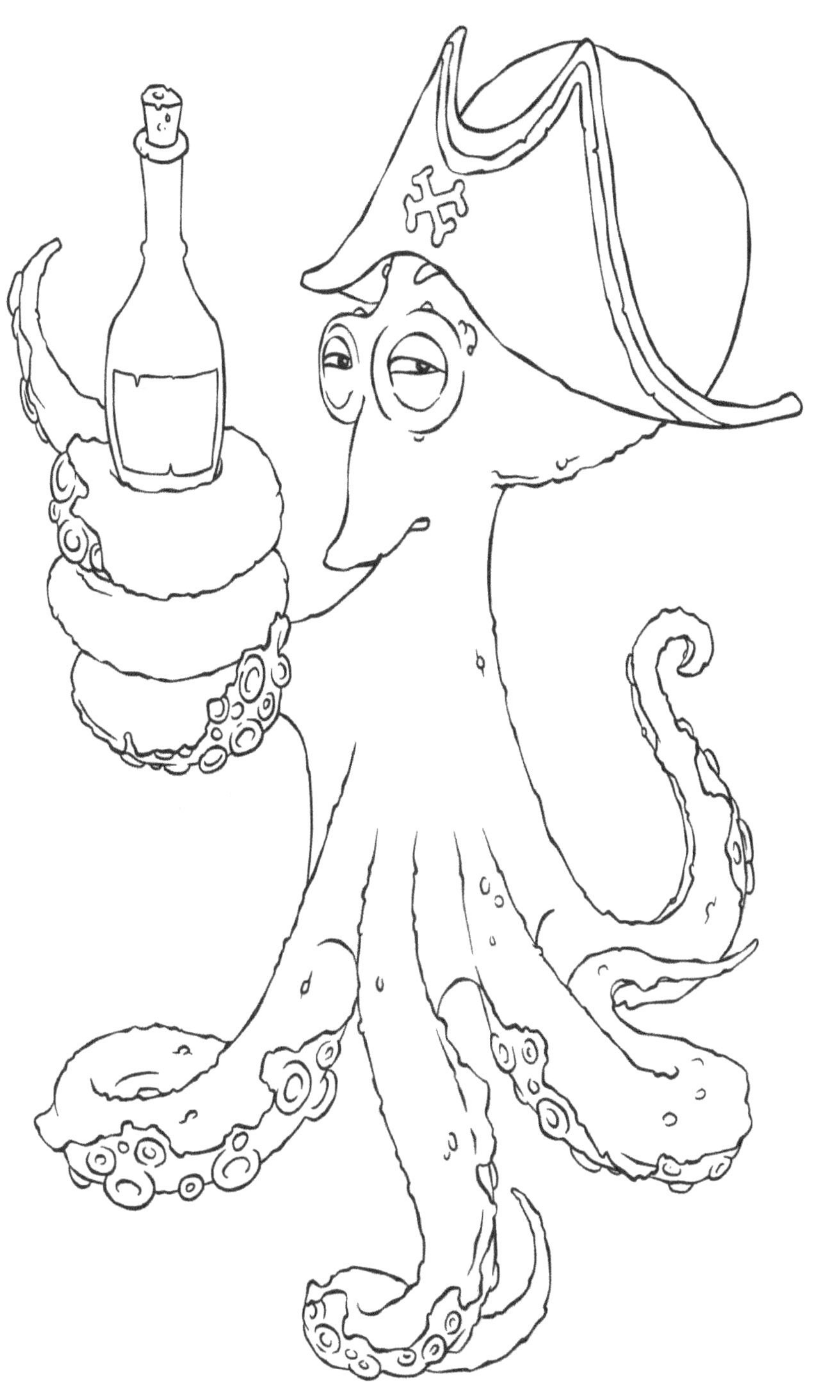

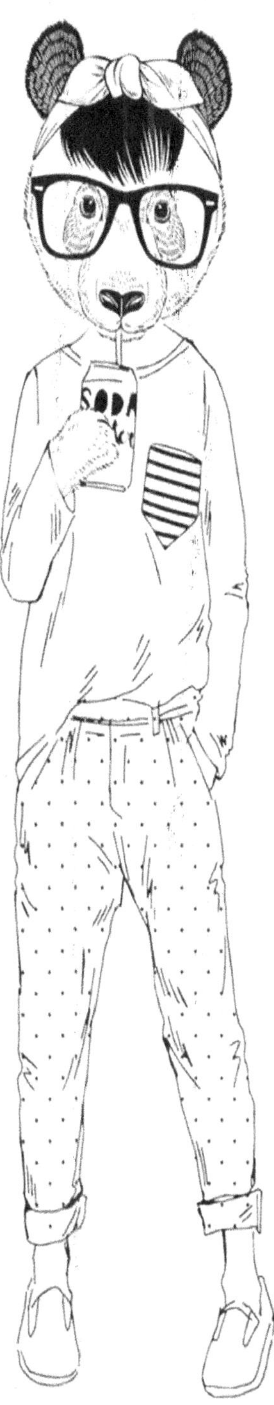

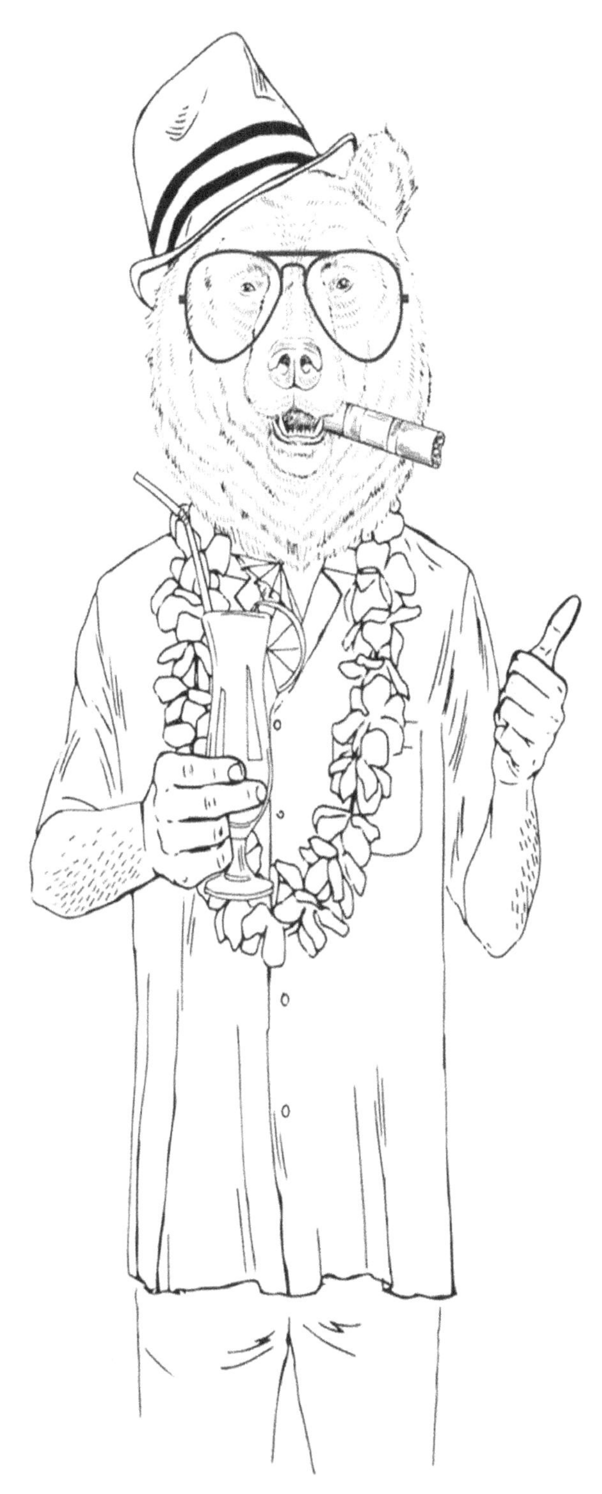

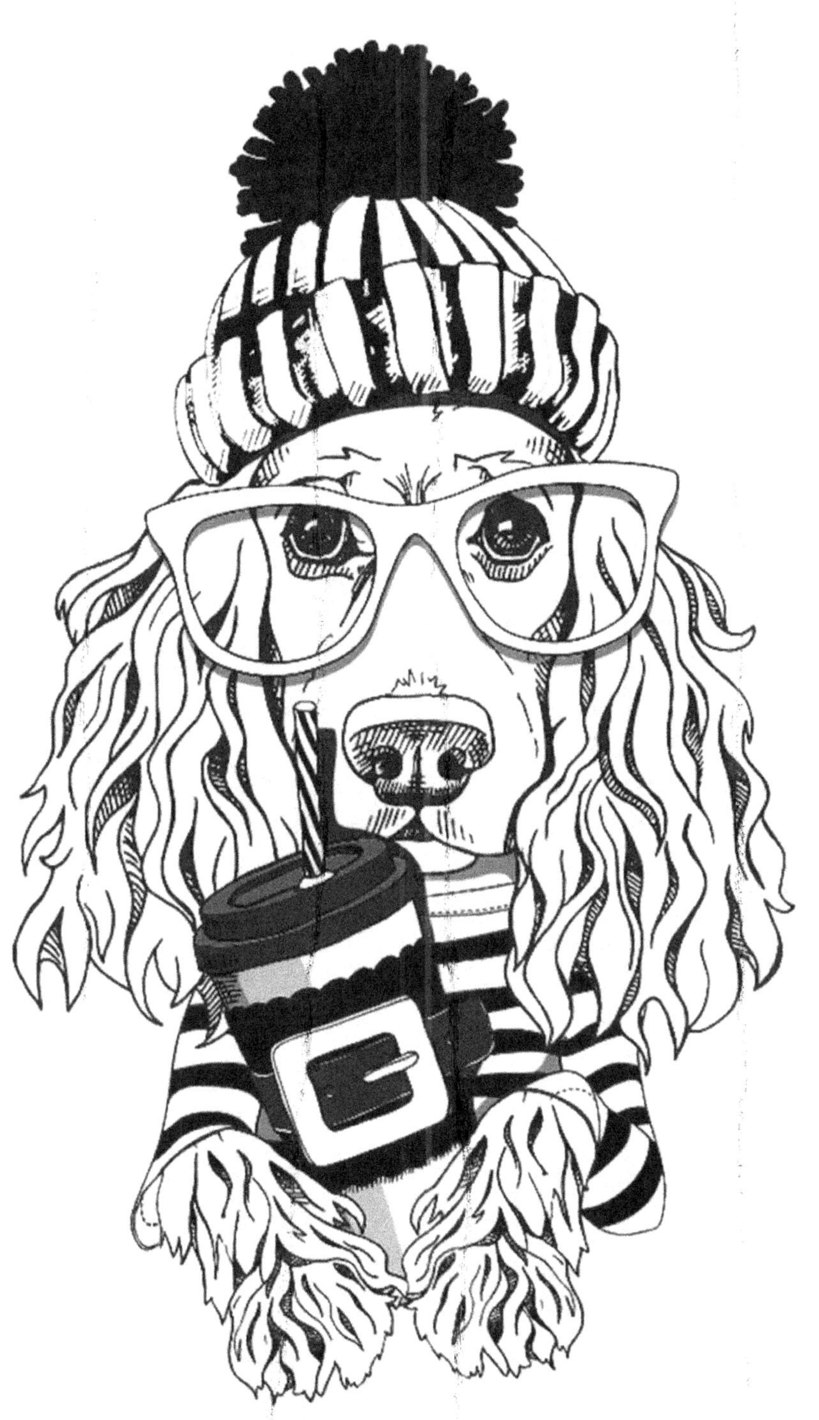

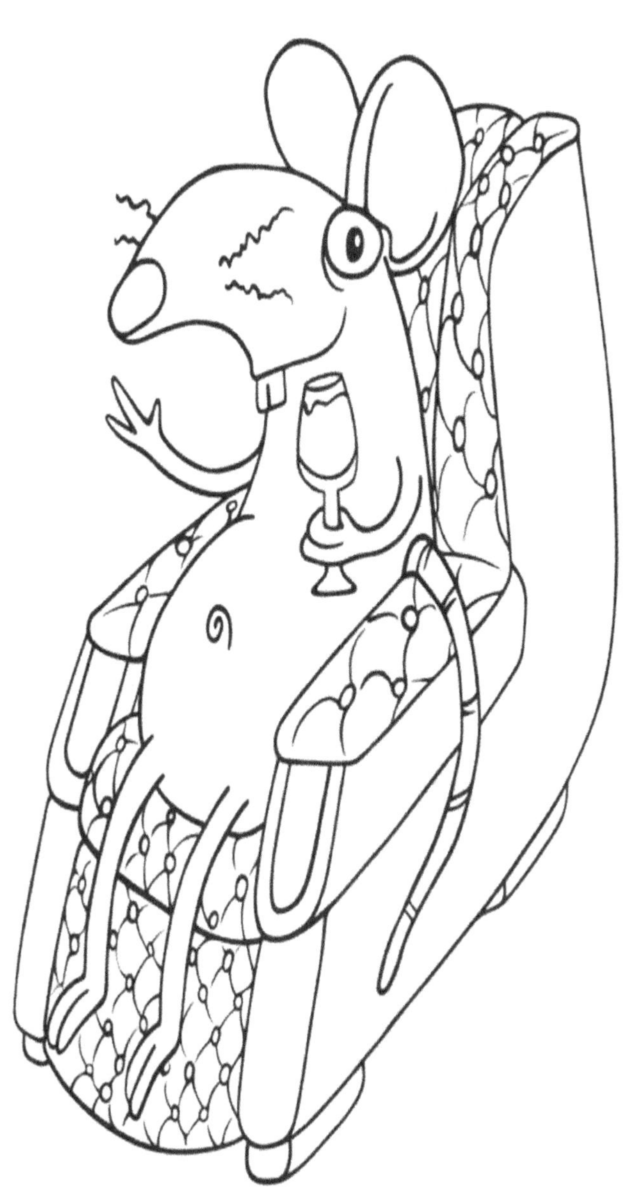

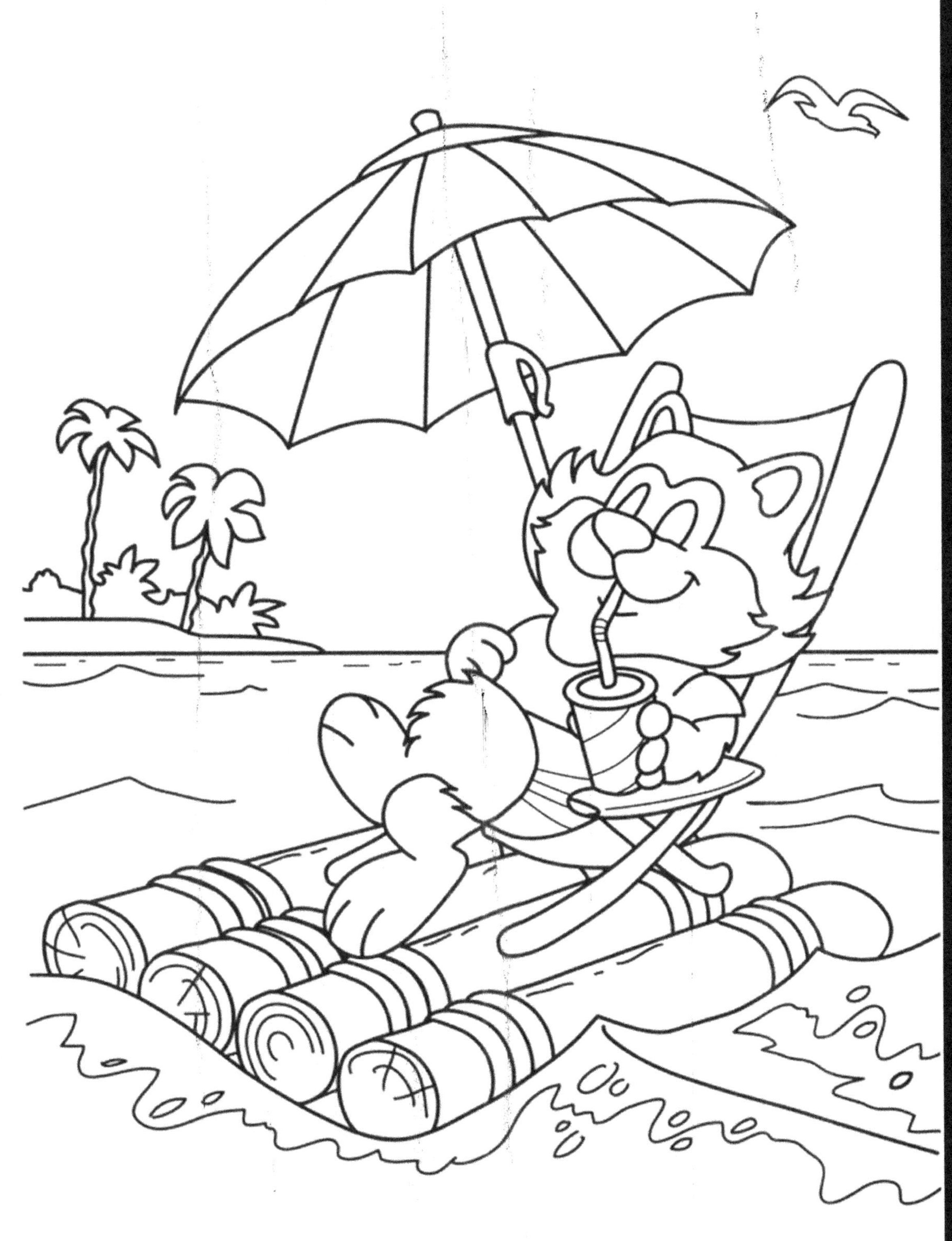

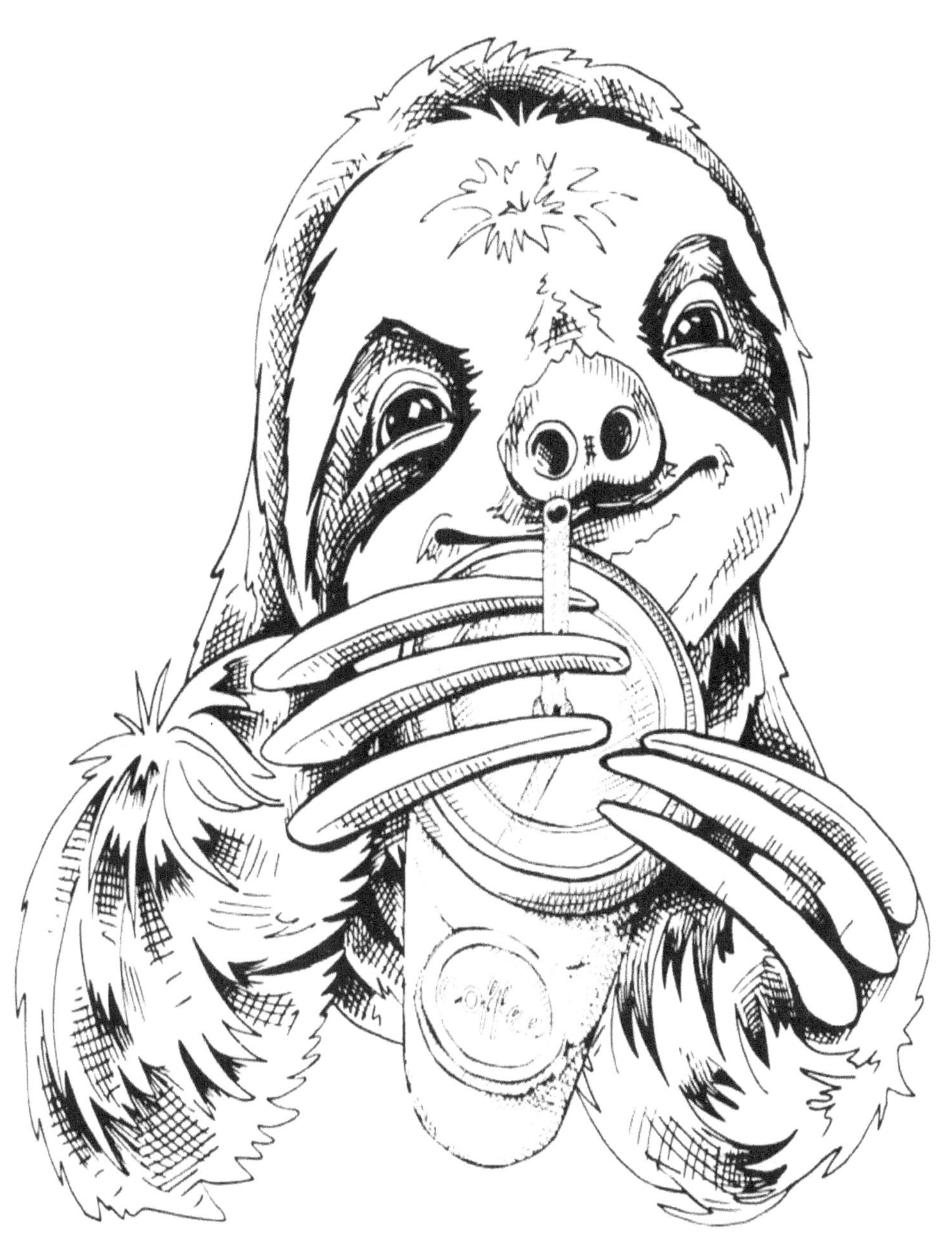

Lazy Drinking

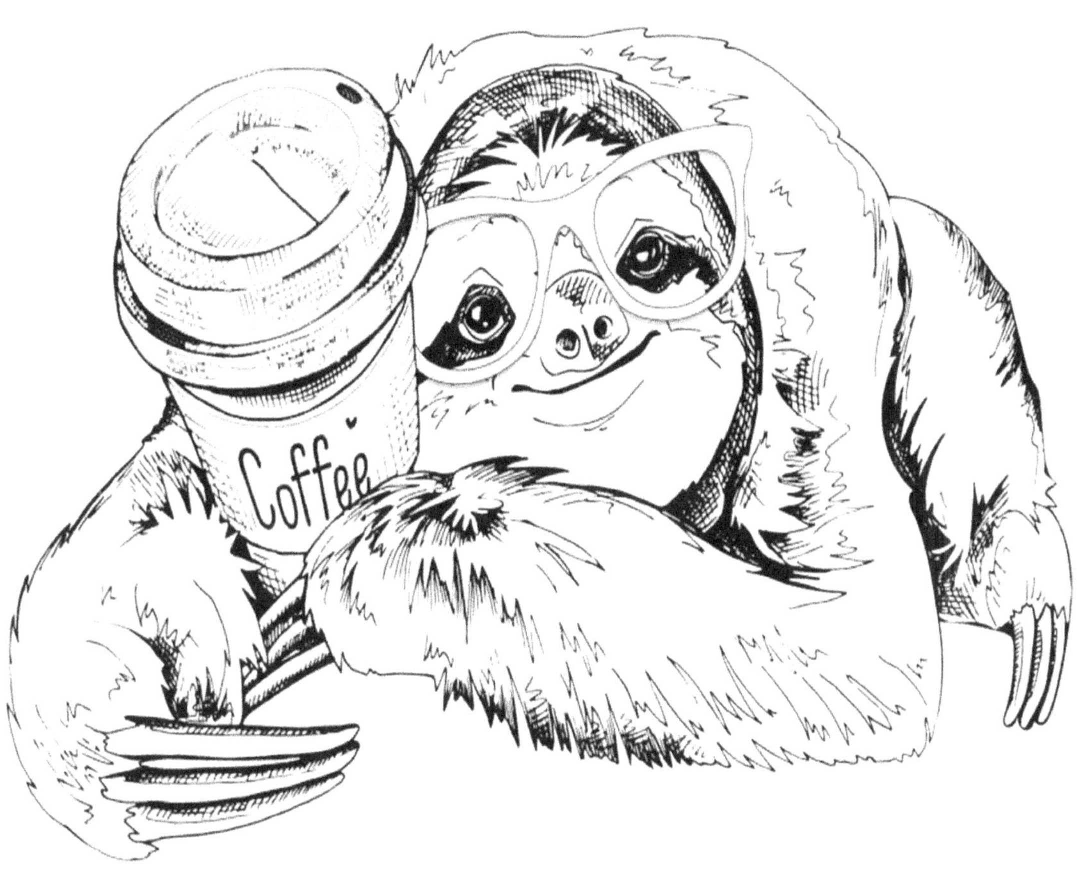

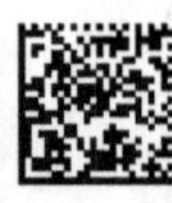

www.ingramcontent.com/pod-product-compliance
Lightning Source LLC
Chambersburg PA
CBHW081249250726
48654CB00012B/1545